বিবাহবাজনা

বিবাহবাজনা

সুবীর সরকার

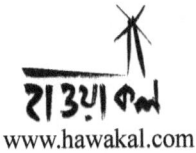

হাওয়াকল
www.hawakal.com

Bibahabajna
a collection of Bengali poems
by Subir Sarkar

প্রকাশ সেপ্টেম্বর ২০১৮

© লেখক

প্রচ্ছদ : Canva

প্রচ্ছদ প্রস্তুতি: বিতান চক্রবর্তী

হাওয়াকল পাবলিশার্স কর্তৃক ১৮৫, কালি টেম্পল রোড,
নিমতা, কলকাতা—৭০০০৪৯ থেকে প্রকাশিত এবং
এস পি কমিউনিকেশনস্, গড়পাড় রোড,
কলকাতা ৭০০০০৯ থেকে মুদ্রিত।

info@hawakal.com
Contact: 8420758224

১৬৫.০০/-

ISBN: 978-93-87883-25-3

www.facebook.com//hawakaal.publishers

কবি সুজিত দাস

হাওড়হাওয়ার দেশ থেকে যার গান ও হাসি ভেসে আসে...

পূর্ববর্তী কাব্যগ্রন্থ

যাপনচিত্র (১৯৯৬)
বরফ বিষয়ক সেমিনার (২০০১)
হরফলিপি (২০০৪)
চর্যাপদের হরিণ (২০০৪)
টাইগার প্রোজেক্ট (২০০৫)
জ্যোৎস্নাগিটার (২০০৭)
কান্না বিষয়ক ২৪ রিল (২০০৮)
তন্ত্রপুস্তক (২০১০)
নির্বাচিত কবিতা (২০১২)
সেপ্টেম্বরের পৃথিবী (২০১৪)
নাচঘর (২০১৮)
ভাঙা সেতুর গান (২০১৮)

পূর্ববর্তী গদ্যগ্রন্থ

শোলোকগাথা (২০১০)
লোকপুরাণ (২০১৩)
এপিটাফ (২০১৩)
গানবাড়ি ধানবাড়ি (২০১৪)
মাহুত বন্ধু রে (২০১৪)
আমার আব্বাসউদ্দিন (২০১৫)
উত্তরজনপদবৃত্তান্ত (২০১৭)
মাতব্বরবৃত্তান্ত (২০১৮)

সূচিপত্র

অসুখ

অসুখ থেকে কতদূরে!
ওষুধ থাকলে পথ্য থাকবে
কাহিনির ভিতর থাকি
সমাদরে বহন করি
                    হেঁয়ালি

গান ১

মঙ্গলবারে শুরু হওয়া গান
তুলি ও পেন্সিল হাতে
                    বাজনাদার
গান গড়িয়ে নামে
হুবহু চশমার কাচ

গল্প

গল্প শোনাতে আসে শিকারি
শিকারের ছবিতে ছায়া
পতিনিন্দা শুনে উড়ে যাওয়া
                        পাখি

সাঁকো

সাঁকো পেরোতে পেরোতে দেখি
পেখম মেলছে ময়ূর
কাকও কিন্তু পাখি
শান্ত চোখে কাজল নেই
ঝোঁক বাড়াচ্ছে
                হারমোনিয়াম

বাবুলাল

হঠাৎ বাবুলাল! বাবুলাল বাঁশফোড়। সেইসব
মাঠপ্রান্তরে যার গান ও কথা ছড়িয়ে ছিটিয়ে
গাছের পাতায় রোদ। আঠা মাখছেন রীতিনীতি
না মেনেই। নৃত্য ও গীত ব্যতীত এক জীবন
                                    বাবুলালদের

সম্পর্ক ১

তুমি কি কোনো শহরের গল্প শোনাচ্ছো!
কমিক নায়ক পথে পথে
                        হাঁটছেন
অবসেশন থাকে।
সম্পর্ক ঘনিষ্ঠতা
                বাড়ায়

২১শে ফেব্রুয়ারি

আস্ত এক বাঘ বেরিয়ে এল
মেঘলা দিন।
মাতৃভাষায় কথা বলি
শিলা ও বৃষ্টি ঘুঘুর
                বাসায়

দৃশ্য

ধান কাটার পর আলাদা
                    দৃশ্য
ভেলা কিংবা জলযান
ভরা নদীর
        কূলে।
জীর্ণ সব ঘরবাড়ি
তেমন আভিজাত্য আর
                    নেই

কুয়াশা

যখন তখন দিয়ে কথা শুরু
এক ঢোক জল খাই
কষ্টের কথা বলি
আরো কুয়াশা জমছে

সম্পর্ক ২

এভাবেও তো সাজানো যায়
শিকার ধরবার তাড়া নেই
ভিজে ঘাসের ওপর নদী উঠে
                          আসে
মেঘের ছায়ায়
সম্পর্ক তৈরি
            হচ্ছে

ব্রত

নিরাপদে ফিরে আসাটাই বড়ো কথা
জোড়শিমুলের গাছ থাকে
মেঘকে নামানোর জন্য
                    ব্রত
ঘাসের চিহ্ন ধরে হাঁটা
সমস্ত আওয়াজ ডুবে
              যায়

ধ্বনি

ধ্বনি ও প্রতিধ্বনি।
প্রচুর বৃষ্টি হয় তাই
                    বর্ষাকাল
সুপ্রচুর গান।
দেখা জীবনের কথা
                    লিখি

লিরিক

ব্যর্থ। বিপর্যস্ত।
মৃত্যুর ছায়া পড়া
    পৃথিবী
মুচকি হাসি।
কাগজে কলমে
    অন্ত্যেষ্টিযাত্রা

শব্দ

পেরেক বা রক্তপাত নেই
মেঘের ডাক। বৃষ্টিশব্দ।
ইঁদুরের দাঁত খুব তাড়াতাড়ি
                            বাড়ে
মাকড়শার জাল ছিঁড়ে গেলে
সানগ্লাস কিনে আনি

করাতকল

পায়ের চাপে মরে যাওয়া পিঁপড়ে
তবে গার্গল করার ওষুধ দিন
ভারী বিষাদ নিয়ে ঘুরি
                    ফিরি
গল্প নয়, করাতকল।

শোক

আমাদের খোলামেলা জীবন
আধলাইন লিখেই অনলাইনে
সুতরাং বিকট হাসি
যদিও জাতীয় শোক
পেশা কেটে মাতাপিতার
                    নাম

কনভয়

গাছের ডালে পাখি, হাড়পাঁজরা
এগিয়ে যাচ্ছে কাশির কনভয়
অন্তত বিশ্বাসযোগ্য হয়ে ওঠো
ওত পেতে থাকা পাগলবাড়ি
তালুতে ঢাকা মুখ। কাক চিলের
                              ঝগড়া

গান ২

কাঁধে হাত রাখতে জানি
বিষণ্ণ কাঠঠোকরা
বড়োজোর বসবার ঘর
চাইলেও চলাচল থামে
                    না

ফেরা

এই পড়ন্ত রোদের ভিতর ফিরে
আসতে হয়। ঘুম পাড়িয়ে দেবে
মাঠের যাদু। চাষপদ্ধতি বদলে
গেলে ইতিহাসটি এসে
                পড়ে, নিম্নবর্গীয়

জাহাজডুবি

এক একটা জাহাজডুবি আমাকে ঘুমোতে দেয়
                                        না
চারদিকে বন্দুকবাজ।
চিরকালীন হয়ে উঠতে থাকা
                        মাছ ও বেড়াল

অপেরা

অপেরাধর্মী দিনগুলি আসলে এক ধরনের
বাজনা
ঝোপের আন্ধার মেখে
মাছি উড়ছে
গুলতানিপাড়ায়

বরফ

কোথা থেকে বরফ নিয়ে এলে?
ভাষ্যপাঠের ভিতর সব
                    খুঁটিনাটি
অসামান্য তান্ত্রিক
চামর ও ছাইদান

বাঁশি

ভেসে যাওয়া ইচ্ছেগুলি দিয়েই তো স্বপ্নপূরণ
গাছ ও গাছের পাতা। সমান্তরালে ছায়ার
মাদুর
হামাগুড়ি দিয়ে প্রবেশ করতে হয়। প্রলোভনের
ফাঁদে আটকে পড়া বারবার। কাহিনি
পল্লবিত। সাঁতারের আগে জাপটে ধরা
বাঁশিটি

শিকার

শিকার পালাচ্ছে!
ঝামেলা না বাড়িয়ে জল খেতে
                        যাওয়া
গাছের ওপর শীত
লুকোচুরি খেলা

রিমেক

সেই শিকার ও শিকারির গল্প। অথচ হাড়হিম
কোনো রোমাঞ্চ নেই। কমফোর্ট জোন থেকে
বেরিয়ে পড়া। রিমেক বলতেই শ্লেষ মেশানো
ডিনার টেবিল

গান ৩

চিরদিনের কোনো গান রীতিপদ্ধতির আলোয় নাচতে
থাকা পাখিরা। গঞ্জের হাট থেকে পোস্টম্যান

                                 ফিরছেন

চোখে স্বপ্ন। সাইরেন ও নদীনালা।

বেড়াল

তোমার পায়ে খেজুরকাঁটা। যদি মুখরিত হওয়ার
অবকাশ চাও তবে বেড়ালের লেজ নিয়ে খেলা
শুরু করো। বাঁশিকে জন্মাতে দেখি। সমস্ত গানই
                                                    আদ্যন্ত

হাতির গান —

টেলিফিল্ম

বেশ লম্বা একটা রাস্তায় তিনি হো হো করে
                                হেসেছিলেন
পচা তামাকের দেশ। বির্তকের বাষ্প।
অতিরিক্ত ঠান্ডা গলায় কথা
                        বলি

পাড়াগাঁ

ইঁদুরকে আর গর্ত চেনাতে হবে না !
বদরাগী ও বেয়াড়া দিনগুলিতে কুড়িয়ে আনি
দাঁত

থেকে যাচ্ছে অন্ধকার। থেকে যাচ্ছে
পাড়াগাঁ।

ডায়েরি

অথচ হসন্ত উঠে গিয়ে আজ
হাওয়াখেলা বিরান মাঠ
রোদে দুপুর গিয়ে মেশে
পাইকারটাড়ির পথে নির্দল
                    শ্রমণ
ব্যাপারীর ছায়ার পাশে ইঁদুরের
                        দাঁত

সাজনগোজন

অথৈ বড়ইগাছ, বৃষ্টি হচ্ছে না
মেঘ মেঘের মতো
এসো, সমবেত হই
জনজমায়েত থেকে
                    সাজনগোজন
আর নদীর ওপারের ধূ ধূ

বাজনা

বাদ্যবাজনা থাকলে বাদামগাছও থাকবে
অন্ধকারে জলের শব্দ। পাথর
                        ও পাগমার্ক।
বড়ো বড়ো শেড-ট্রির ছায়ায় আমরা
                        ঘুমোই

গান ৪

সে কী অবসন্নতা নিয়েই বৃষ্টিতে ভিজতে চেয়েছিল!
স্মৃতিরও গন্ধ থাকে আর সমান্তরাল
                                পাখিরা

কুয়াশায় যতদূর যাওয়া যায়
প্রত্যেক পলায়ন শেষে হাতিশিকারির
                                গান

দ্বিপ্রহর

আর বিরতিপর্বে দ্বিপ্রহর এসে ঢোকে
আর মেনুকার্ডে টাকিমাছের ভর্তা
এত এত শীতের ভিতর হলুদ টুপি পরা
                              মেয়েরা

শীত

'এবারের শীত একটু অন্যরকম হবে'
কাঁঠালগাছের নীচে বসে আছো
তোমার পায়ের কাছে জন্মমরণ
উলের বল নিয়ে পালাচ্ছে বেড়াল

বিষাদ

কাঠের বাড়ি ও টানা গদ্যের দিনগুলি
কুয়াশার অদূরে পেতে রাখা চেয়ার
আর ডুবসাঁতার, মেঘের বিষাদ
সারাজীবন দেখে যাওয়া একটাই
                              দৃশ্য

বাড়ি

দূরান্তরের যত কাঠের বাড়ি
ভুল রাস্তায় চলে যাওয়া কতবার
আমার অনুবাদের পাশে তোমার
                সাইকেল এসে থামে

নদীপুরাণ

উপনদী শাখানদী পরিধিতে সমস্ত ম্যাজিক ম্লান
                                    হয়ে যায়
গাঢ় মেঘে ডুবে যাওয়ার ইঙ্গিত
ভুলা মাষাণের থান
অবসর ও অবসাদের দিনে কুণ্ডলী
                        পাকানো সাপ

বাঘডাকের কবিতা

শীতঘুমের কথা লিখব আর সাপ থাকবে
না !
ধান নিয়ে ঘরে ফিরছে হেমন্তের চাষি
আমি ঘাসবনের এক ডাকপিয়ন
ফড়িং শালিকের পাশে বসে একা একা কথা
বলি

বড়ো বড়ো কাঠের পিঁড়ি
মাছ ভাজছেন মা
ঠাকুমা খেঁজুরগুড়ের পায়েস
কত কত জন্ম থেকে নাচগান
গল্প ঘিরে বাঘের ডাক
অনন্ত খামার দিয়ে জীবন
সাজাই
কেমন ঘোরের ভিতর থাকি
পাখিদের ডানার নীচে থাকি
শীতের শিস, সার্কাস ও ঘোড়ার
গাড়ি
দেখা সাক্ষাৎ হয় না মাঠের ইঁদুরের সাথে
হাতে হাতে তালি
বাজে, জঙ্গলপথে

বিবাহবাজনা

১

ইদানিং ব্যবহৃত হচ্ছে না আর
          ফ্রেম ও সিঁড়ি
অজ্ঞাত কারণেই আমরা পাদপ্রদীপের
              সামনে
আবহ থেকে সরে যাওয়া আলো
গাছে গাছে গেঁথে রাখা ফলক

২

সূত্র বলতে আলোড়ন ফেলা বইগুলি
খালবিলে ফোটা শালুক
দীর্ঘ ভূমিকায় তিনি লিখছেন কাঁটাগাছের
              কথা
অভিজ্ঞতা থেকেই উঠে আসে সবকিছু
গান আর সংলাপের জন্য অপেক্ষা

৩

আর ঘোড়া ও গাধাদের জন্য আস্তাবল
পথে পথে লুকোনো ফরমান
হাওয়ায় হাওয়ায় আমাদের ব্যতিক্রমী হয়ে

ওঠা

দুপুর বিছিয়ে রাখে হাসপাতাল
নির্জনতা শুষে খায় হাসপাতাল

৪

বিজ্ঞাপন আদতে ফাঁদ। ফাঁদে আটকে খেলা

চলছে

মহাসড়কে হাঁটতে হাঁটতে একটা আপাতনিরীহ

বাড়ি

রেডিওয় বাচ্চা বাঘের ডাক।
অন্ধকারে বসে লোকশ্রুতি গোছাতে শুরু

করি

বিবাহবাজনা

৫

জুতোর মধ্যে ঢুকে পড়ছে পিঁপড়ে
এরপর মালবাহকেরা গান ধরলো
আগুনে পোড়া জঙ্গল
আমরা হামাগুড়ি শিখছি

৬

খামারবাড়ি। ভিলা। ও চোখে পড়ার মতো
                              উদ্যান।
কাঁটাগাছের বেড়ায় বসে থাকা পাখি
হেঁয়ালির মতো সবকিছু
প্রতিবেদন জুড়ে ধানখেত
                    ও
            মেঘেদের ছায়া

৭

বিরক্তিকর বিজ্ঞাপনের পাশে ভেসে উঠছে তোমার
মুখ

জালে পেঁচিয়ে যাওয়া আমাদের কিটব্যাগ
সন্ধেবেলায় সানগ্লাস পরে বেড়াতে বেরোই
হুবহু জেরক্স কপি,
ঝোঁপের আড়াল থেকে সে আমাকে
দেখছে

নিরাপত্তা ফিরিয়ে আনতে গিয়ে হাহাকার
ফিরে এল

তোমার টোল পড়া গালে গাছেদের
ছায়া

সস্তায় কিনে আনছি পুরোনো গয়না
হ্যান্ডসেক না করে তো যাওয়া যাবে
না!

স্থানীয় খাবারের পাশে পোষা বেড়াল
রেস্তোরাঁ একটি জনপ্রিয় শব্দ
গমখেতে শুয়ে শুয়ে শুটিং-এর গল্প
কান্না ও সর্দির দেশ
মিনার ও জাদুঘর
ভিজতে ভিজতে দুর্গে ঢুকে
পড়ি

বিবাহবাজনা

৮
ঝলসানো গাছের মাথায় পাখি
আমি তার মুচকি হাসি পড়ে ফেলতে
                                    চাইছি
জলে ডোবা হাইওয়ে, বাইপাস ধরি
অলিগলির মধ্য দিয়েই বেশ স্মৃতিশহরের
                                    ঘোড়া

৯
সন্ন্যাসীদের মতো জীবন কাটাচ্ছি
বাড়ি ও গাড়ির ছাদে বরফ
তোমার চোখের জলে আমি হোঁচট
                                    খাই

১০

একটা বিশাল হাই-এর ভেতর ঢুকে পড়ছে
                                    জীবন
সমস্ত শীতকাল জুড়ে সবাই ঘুড়ি ওড়াচ্ছে
অপেক্ষা মিরাকলের মতো।
মিথ্যাচারের সামনে বড়ো অসহায়
                            লাগে
গল্পের সঙ্গে জড়িয়ে যাওয়া এভাবেই
ধীরগতির একটি ছবি দেখে এইমাত্র বেরিয়ে
                                    এলাম
ঘুমেরও প্রস্তুতি থাকে!
তোমার স্বরের ওঠানামায় অদ্ভুত এক
                        ফ্রাস্ট্রেশন
বিকেলের বেহালায় হাত রাখি
নাচগানের পাশে শান্ত হাসপাতাল

বিবাহবাজনা

১১

এত বড়ো খাদ্যতালিকা নিয়ে কী করি!
প্লেটে প্লেটে
                মাগুরমাছ
জট পাকিয়ে যায় আর কর্মসূচি শুরু করি
আর খাদ্যতালিকায় টিকটিকির লেজ
খাঁ খাঁ মাঠ; প্রতিবেদন পাঠ
                        করি
আমাদের গোপন সম্পর্কের কথা জেনে গেছে
                                সবাই
সূর্যাস্ত মাখতে মাখতে কতদূর চলে যায়
                        গান!

১২

বন্দুক থেকে গুলি বেরিয়ে আসছে
এটি পাখিশিকারির বন্দুক এবং মরচে
                        ধরা
শিস বাজিয়ে কে কাকে ডাকে!
আমাদের সম্পর্কের উপর পাখপাখালির
                        ছায়া

১৩

গোপনীয়তা বজায় রাখতে গিয়ে বিষণ্ণ হয়ে
                                        ওঠা
সূর্যাস্তের নীচে সাঁকোগুলি!
তোমার কাছ থেকে শুনে নিই টানাপোড়েনের
                                গল্পগুলি

১৪

ভোরের ছবিতে কুলগাছ বসে থাকে
ভাঙনের দেশে হারমোনিয়াম
শোক থেকে সংগীত
আর্মিক্যাম্পের বাইরে হাসতে থাকেন
                            ড্রামবাদক

১৫

আবার ছুড়ে দেওয়া চ্যালেঞ্জ গ্রহণ করছি
কাঠের উনুনের পাশে গান—
অল্প আলো। আদা মেশানো চা। সঙ্গে
বাজনা
ধরো বর্ষাকাল—
ভেজা গাছের গায়ে হেলান দিয়ে দাঁড়িয়ে
থাকা
কারণহীন হাসির দমক
ব্যধির মতোন এক বিষণ্ণতা
আর মাথার ওপর নেমে আসা
মেঘ

নাইটস্কুল

পাখির অনুজ্জ্বল চোখ
বারান্দা পেরিয়ে উঠোন
গমখেত ঘিরে রাখা নাইট
                        স্কুল
নদীর গভীর থেকে হাওয়া

পাখি ও পাখনা

মঞ্চায়নের আগে সময় ও তারিখ জেনে নিতে
হয়
লবণজলে চোখ ভেজালে
খাতা জুড়ে পাখি
ও
পাখনা

বিলাপ

আর্তনাদ শুনি
প্রতিবাদও করি
জাস্ট নিতে পারছি না
        এসব
অগ্রভাগে বিলাপ বসে
        থাকে

কফিশপ

যোগ করছি কফিশপ
ছাই কীভাবে ধুলো হয়ে
                    ওঠে
প্রকৃত নির্মাতা নাম ব্যবহার
করেন না।
ছেঁড়া টুপিতে বাঁচা
                    আমাদের

টানেল

চোখের জল টানেল পেরোচ্ছে
বাল্যস্মৃতিতে আটকে থাকছি
'চোখে চোখ রেখে কথা বলুন'
বাজনা থেকে সরে আসছে
                            গান

www.ingramcontent.com/pod-product-compliance
Lightning Source LLC
Chambersburg PA
CBHW030519130626
46549CB00007B/3058
* 9 7 8 9 3 8 7 8 8 3 2 5 3 *